HISTOIRE

ILLUSTRÉE

DE LA CORSE

CONTENANT ENVIRON TROIS CENTS DESSINS

REPRÉSENTANT

Divers sujets de géographie et d'histoire naturelle

LES COSTUMES ANCIENS ET MODERNES

LES USAGES, LES SUPERSTITIONS

LES VUES DES PAYSAGES ET DES MONUMENTS, LES PLANS DES GOLFES, DES ANSES ET DES PORTS

Avec des chiffres marquant les rochers et la profondeur de l'eau

SELON LA CARTE DE M. BELL

DES VIGNETTES DE FAITS HISTORIQUES

ET LES PORTRAITS DES HOMMES CÉLÈBRES AVEC LEURS BIOGRAPHIES

PAR

L'ABBÉ JEAN-ANGE GALLETTI

PARIS

IMPRIMERIE DE PILLET FILS AINÉ

RUE DES GRANDS-AUGUSTINS, 5

1863

AVANT-PROPOS

La Corse, la plus petite des trois grandes îles de la Méditerranée, en est la plus grande en célébrité.

Elle a été le théâtre sur lequel pendant plusieurs siècles se sont succédé les événements les plus extraordinaires et les guerres les plus sanglantes.

Les peuples civilisés de l'antiquité et des temps modernes s'en disputèrent longtemps la possession. Les *Phéniciens*, les *Grecs*, les *Étrusques*, les *Phocéens*, les *Carthaginois*, les *Romains*, les *Vandales*, les *Grecs du Bas-Empire*, les *Goths*, les *Lombards*, les *Sarrasins*, les *Français sous Charlemagne*, les *Toscans*, les *Papes*, les *Pisans*, les *Génois*, les *Aragonais*, les *Milanais*, les *Ducs de Piombino*, les *Allemands*, les *Anglais*, les *Français encore*, sont venus tour à tour, les armes à la main, ravager cette malheureuse contrée, à laquelle ils prétendaient imposer un joug odieux; mais les Corses, nés pour l'indépendance et la liberté, préférèrent dans tous les temps la mort à l'esclavage; combattant sans cesse et avec valeur, ils brisèrent leurs chaînes et frappèrent avec les débris de leurs fers la tête de leurs tyrans.

Honneur et gloire à nos aïeux! leur mémoire sera toujours en vénération parmi nous.

Pendant ces luttes acharnées, la Corse a eu ses héros et ses martyrs; ils firent retentir leurs exploits jusqu'aux rivages de l'Afrique et de l'Asie Mineure; et tandis que l'Europe tournait ses regards étonnés vers cette île, de célèbres poëtes dédiaient à ses libérateurs les productions (1)

(1) Vittorio Alfieri dédia au général Paoli sa tragédie intitulée : *Timoleone.*

DÉDICACE.

Al nobil uomo il signor Pasquale Paoli propugnator magnanimo dei Corsi.
Lo scrivere tragedie di libertà nella lingua di un popolo libero, etc.

V. ALFIERI.

de leur génie, d'illustres philosophes annonçaient déjà ses destinées futures (1).

Plus tard un plus vaste théâtre s'ouvrait pour ces braves insulaires ; ils couraient en foule sur les champs de bataille cueillir les lauriers dont ils paraient leur front, lorsqu'un d'entre eux, s'élevant comme un géant au-dessus de ses compagnons d'armes, terrassa le monstre qui à cette époque dévorait la France, et fit poser à cette grande nation un pied triomphant sur toutes les capitales de l'Europe.

Tous ces hauts faits, retracés par de savants et nombreux historiens, témoignent des longs malheurs des habitants de cette île, en même temps qu'ils transmettent tant de gloire à la postérité.

Inspiré par la lecture des livres où se trouve relatée la vie de nos glorieux compatriotes, comme aussi désireux de nous rendre utile à notre patrie dans la modeste sphère où nous sommes placé, nous avons formé le projet de publier un ouvrage ayant pour titre : *Histoire illustrée de la Corse.*

Dans ce travail nous avons eu l'intention de reproduire les portraits des hommes illustres et de faire connaître leur biographie, de présenter les costumes de différentes époques, les dessins des monuments, les vues des paysages les plus renommés et des lieux où se sont accomplis les événements les plus remarquables ; les usages, les superstitions, etc., etc.

Cet ouvrage sera divisé en trois parties. Nous donnerons dans la première un abrégé de la géographie de l'île et de son histoire naturelle ; un itinéraire et un résumé historique dans lequel les guerres et les changements politiques jusqu'à la mort de Sampiero de Bastelica seront sommairement indiqués.

La seconde partie commencera à la mort de Sampiero et nous conduira jusqu'à Pascal Paoli.

La troisième traitera de Napoléon et de tous les Corses qui, par leur génie, leur vertu, leur courage et leur science ont illustré jusqu'à nos jours leurs noms et leur patrie.

(1) « Il est encore en Europe un pays capable de législation, c'est la Corse. La valeur et la constance avec lesquelles ce brave peuple a su recouvrer et défendre sa liberté, mériteraient bien que quelque homme sage lui apprît à la conserver. J'ai quelque pressentiment qu'un jour cette petite île étonnera l'Europe. »

J. J. Rousseau, *Contrat social*, liv. II, Cap. x.

Les Corses, naturellement animés de l'esprit de patriotisme, ne refuseront pas d'accueillir un ouvrage où ils pourront connaître en détail les circonstances particulières de la vie de leurs illustres concitoyens. Ils contempleront avec orgueil et leurs portraits et les lieux qui furent témoins de leur valeur.

Nous avons donné tous nos soins à faire avec conscience les recherches les plus détaillées et les plus minutieuses, afin de recueillir tout ce que les monuments, les souvenirs et le temps nous ont conservé, comme aussi tout ce que les écrivains nous ont transmis.

Cependant nous faisons des vœux pour que tous nos concitoyens les plus éclairés nous aident dans l'exécution de notre entreprise, et que surtout ceux dont les ancêtres méritent d'être cités veuillent bien nous encourager, pour que nous puissions atteindre le but que nous nous sommes proposé.

HISTOIRE ILLUSTRÉE

DE LA CORSE

FIGURE ALLÉGORIQUE DE LA CORSE

DANS LES GRANDES SALLES DE RAPHAEL AU VATICAN

Dès son avénement au trône pontifical, Sixte-Quint confia aux plus habiles artistes le soin de compléter les décorations du Vatican, que la mort prématurée de Raphaël avait laissées inachevées.

Dans l'une des salles de ce monument, au-dessus de la fameuse bataille de Constantin contre Maxence, au pont Milvius, on voit, entre autres peintures à fresque, la personnification de la Corse. C'est une femme robuste, au regard vif et intelligent, fièrement assise sur un rocher et baignant ses pieds dans la mer. Une main est armée d'une lance, de l'autre main elle s'appuie sur une épée. Sur sa tête, surmontée d'une tour, s'ajuste la peau d'un lion. Autour d'elle folâtrent des Génies, dont l'un, monté sur un mouflon, symbole d'une chasse spéciale à la Corse, soutient une corne d'abondance garnie de pampres et de raisins; un autre a sur le dos une corne de même nature remplie de divers fruits. Enfin un troisième reçoit les caresses d'un chien, emblème de la fidélité. En haut de cette fresque on lit cet exergue: *Cyrniorum fortia bello pectora. Les Corses au cœur intrépide pour les combats.* Et plus bas: *Sixtus V. P. M. Anno 1° sui pontificatus.*

Comment expliquer cet hommage rendu par Sixte-Quint à un pays qui avait cessé d'appartenir aux États de l'Eglise, et dont Gênes s'était emparé depuis longtemps?

Lorsqu'on cherche à se rendre compte de la pensée qui a inspiré cette peinture et que l'on se rappelle en même temps les bienfaits que Sixte-Quint, sous le froc du moine *Felice Peretti*, ou sous la pourpre et la tiare, n'a jamais cessé de prodiguer à nos compatriotes exilés, on est amené à admettre, ainsi que des chroniqueurs et des historiens nationaux l'ont prétendu, que ce pontife était originaire de la Corse.

Cette opinion repose sur ce que plusieurs habitants de cette île, pour échapper à la persécution des gouverneurs génois (1), avaient été obligés de s'expatrier et d'aller demander l'hospitalité dans les Etats de l'Eglise, où le vicaire de Jésus-Christ les accueillit toujours avec une paternelle bonté. L'une de ces émigrations a de quelques années seulement précédé l'époque où le jeune *Felice Peretti*, porcher dans les Marches, cédant aux conseils d'un moine, se détermina à entrer chez les cordeliers d'Ascoli. On sait comment, à la suite d'une vie fort tourmentée, ce berger, dont l'intelligence s'était développée dans le couvent, parvint à se frayer le chemin jusqu'à la Chaire de saint Pierre.

Sixte V semble d'ailleurs, par divers actes de son administration, avoir lui-même accrédité cette croyance. En effet, après s'être assis sur le trône pontifical, il chercha à s'entourer de Corses. Il en forma un régiment, dont une partie constituait sa garde personnelle, et l'autre fut destinée à détruire les brigands qui désolaient la Ville éternelle (2). Ce fut encore par les soins de ce pontife que plusieurs familles corses, pourchassées par les Génois, se réunirent en colonie et s'établirent dans une bourgade qui porte encore le nom de Valle-Corsa. Ce centre de population, aggloméré sur le Rio di Valle-Fratta, près d'Anagni et de Frosinone, constitue aujourd'hui une petite ville d'environ 3,500 habitants.

Nous avons visité cette contrée et nous avons pu nous convaincre que cette population n'avait rien perdu du caractère et des mœurs de la mère patrie : elle est en effet hospitalière et courageuse.

(1) Giacobbi, *Histoire de la Corse*.

(2) Le pape Clément VIII avait fait recruter deux compagnies de milices corses pour sa garde, Sixte V en porta l'effectif jusqu'à un régiment.

GÉOGRAPHIE DE L'ILE

La Corse, selon les géographes, s'étend depuis le 41°21' et 4 degrés de latitude, jusqu'au 43°41'7; et en longitude occidentale, depuis 6°-11-47°4, jusqu'au 7°13'-35.

La Corse a 185 kilomètres et 885 mètres de longueur et environ 90 kilomètres de largeur. Son périmètre, selon les géographes, abstraction faite de quelques sinuosités, est de 500 kilomètres.

La superficie de l'île est de 874,721 hectares 19 ares et 16 centiares. Sa population, selon le dernier recensement, est de 252,183 habitants.

Cette île constitue un département de l'Empire français et forme la 17e division militaire. Elle est divisée en cinq arrondissements: Ajaccio, chef-lieu du département, résidence d'un préfet; Bastia, Corte, Sartène et Calvi, sous-préfectures. L'île est divisée en 61 cantons et 354 communes.

La chaîne des montagnes courant du nord au sud, en répandant ses ramifications dans toute l'île, forme un grand nombre de gorges et plusieurs belles et fertiles vallées. Ses côtes sont découpées par plusieurs baies, anses et golfes sûrs et profonds. Des torrents, d'épaisses forêts de pins, de chênes, des oliviers, des châtaigniers, des orangers, des citronniers et beaucoup d'autres arbres d'une vigueur remarquable; de belles plaines où les moissons alternent avec les marécages, quelques hameaux riches, mais dont la plus grande partie est dans la pauvreté; un climat presque partout salubre, des hommes fiers, hospitaliers, ardents, valeureux, énergiques, intelligents, passionnés dans leur amour comme dans leur haine; sobres mais paresseux, aimant par-dessus tout l'indépendance et les hasards d'une vie aventureuse: telle est à grands traits l'esquisse de ce peuple et de ce pays.

Cette île a au nord le golfe de Gênes, à l'ouest la Provence; au midi elle n'est séparée de la Sardaigne que par un canal d'environ trois lieues; à l'est se trouve la Toscane.

La Corse est entourée de plusieurs îles moins grandes, dont les plus connues sont:

La Gorgone (*Urgon*), peuplée par les anachorètes et les premiers chrétiens qui fuyaient la persécution du paganisme;

Capraja (*Eghilon*), habitée par un peuple industrieux, et dont on tire d'excellents marins;

Elbe (*Alalia* ou *Ilca*), bien peuplée, célèbre par ses mines de fer, et pour avoir été de nos jours l'exil de Napoléon Ier;

Pianosa (*Planaria*), où César Auguste relégua son neveu Agrippa;

Les Fourmies (*Planariæ*), dangereuses pour la navigation;

Monte-Cristo (*Oglosa*), où s'élevait autrefois un couvent de chartreux, mais aujourd'hui désert (1);

Gilio (*Igilium*), où plusieurs familles illustres se réfugièrent au temps de l'incursion des Barbares;

Les Giannutri (*Arthemisium* et *Diana*), et tant d'autres de peu d'importance.

La Corse, selon plusieurs historiens, était appelée par les grecs *Cyrnon, Calista, Terapne*, etc., et par les Romains *Corsica*. Nous ne chercherons pas à expliquer l'étymologie de ces noms, car les récits que nous ont transmis les écrivains anciens nous semblent appartenir plutôt au domaine de la fable qu'à celui de l'histoire.

OROGRAPHIE

MONTAGNES DE LA CORSE DONT L'ÉLÉVATION AU-DESSUS DE LA MER EST CONNUE

La Corse, au premier aspect, en la voyant de la mer, semble un chaos de montagnes entassées l'une sur l'autre. Ces montagnes sont presque toutes, comme nous l'avons dit, disposées du nord au sud; cependant on en voit quelques-unes qui ont leur direction du nord-est au sud-est et du nord-ouest au sud-est.

(1) La célébrité donnée à l'île de Monte-Cristo par le roman d'Alexandre Dumas a porté un riche Anglais à l'acheter d'un seigneur toscan et à y établir une sorte de colonie.

Parmi ces montagnes, il y en a plusieurs qui atteignent une hauteur de plus de 2,000 mètres. Telles sont : *Monte-Rotondo*, au-dessus des sources de la Rostonica, 2,764. — *Monte-d'Oro*, au-dessus de Vivario et de la forêt de Vizzavona, 2,652. — *Vaglia-Orba*, au-dessus du Niolo, entre les sources du Golo et du Fango, 2,650. — *Cardo*, au-dessus de Venaco, sur le rameau qui sépare la vallée de Rostonica à celle du Vecchio, 2,500. — *Padro*, entre Olmi, Capella et Asco, 2,450. — *Cinto*, au-dessus du Niolo, 2,400. — *Artica*, au-dessus du Niolo, 2,400. — *Tafanato*, au-dessus du Niolo, 2,315. — *Renoso*, entre les sources de la Gravona, du Prunelli et du Fiumorbo, 2,300. — *Traunato*, au-dessus de Castiglione, entre Niolo et Asco, 2,197. — *Ladroncello*, au-dessus des sources de l'Asco, 2,135. — *Punta-alla-Cappella*, au-dessus de la rivière du Taravo, 2,069. — *Incudine*, au-dessus du Rizzanese et du Taravo, 2,065.

Les autres montagnes qui ne dépassent pas la hauteur de 2,000 mètres sont : *Conia*, 1,988. — *Serra-della-Rena*, 1,911. — *Grosso*, 1,861. — *Asinao*, 1,820. — *Capo-della-Madia*, 1,679. — *San-Pietro*, 1,650. — *Cervello*, 1,572. — *Punta-della-Calva*, 1,566. — *Punta-delle-Furchicciole*, 1,565. — *Punta-Lincinosa*, 1,545. — *Mantelluccio*, 1,556. — *Punta-Orace*, 1,495. — *Atticione*, 1,289. — *Stello*, 1,285. — *Cozzanico*, 1,209. — *Cerio*, 1,072. — *Sant-Angelo*, 1,018. — *Pigno*, 1,010, etc.

MONTE-ROTONDO

Le Monte-Rotondo est la plus élevée des montagnes de la Corse. Pendant plusieurs mois de l'année, cette montagne reste couverte de neige, et même, dans certains ravins, cette neige ne disparaît jamais.

Cette montagne renferme dans ses flancs plusieurs petits lacs, tels que le *Rotondo*, le *Melo*, le *Renoso*, le *Pozzolo* et le *Nielluccio*. Les naturalistes étrangers qui viennent visiter la Corse ne se lassent pas de grimper sur le Monte-Rotondo, car il renferme des belles carrières de porphyre, de granit et de marbre; mais il est surtout riche en plantes officinales.

Cette montagne est devenue célèbre pour avoir servi de refuge à plusieurs patriotes corses, après la fatale catastrophe du Ponte-Nuovo (1769). Letizia Buonaparte, qui avait suivi son mari, Charles Buonaparte, dans cette malheureuse lutte, était du nombre de ceux qui avaient juré de périr plutôt que de se rendre aux Français. L'héroïne du sommet du Monte-Rotondo promena ses regards tristes et mornes sur toute l'étendue de l'île. Ce fut de là qu'elle pensa, en versant des larmes, aux cris lamentables et déchirants des femmes corses !... aux chants funèbres improvisés sur les cadavres de leurs frères !... aux cris de *Vendetta !*... si terrible dans la bouche des femmes corses à la vue de leurs parents tués par leurs semblables. Elle pensa aussi au vengeur que ces femmes demandaient au ciel pour punir les oppresseurs. Ce vengeur, Letizia le portait dans son sein. Elle accoucha deux mois après de Napoléon, qui devait se venger de la France en faisant promener cette grande nation triomphante depuis le berceau des Césars jusqu'au tombeau des Pharaons.

LES MONTS ARTICA, BAGLIA-ORBA ET TAFANATO

Ces trois montagnes, dont nous donnons le dessin, sont aussi des plus élevées de l'île ; mais celle qui offre le plus d'intérêt, c'est le Monte-Tafanato (*Mont-Troué*). Cette montagne, qui sert comme de contre-fort au mont Baglia-Orba, présente de son sommet une ouverture qui a plusieurs mètres de largeur et de hauteur. Le rocher se compose de beau porphyre.

Lorsque le soleil disparaît derrière les hautes montagnes, on voit tout à coup ses rayons percer à travers cette ouverture.

Les mouflons et les cerfs y vont souvent chercher un abri en été : abri peu sûr, car ils y sont souvent surpris par les chasseurs et les bergers, qui leur tendent des guet-apens.

Plusieurs géologues ont visité cette mystérieuse ouverture, dont l'intérêt est surtout relevé par la légende à laquelle on rattache sa formation.

Selon la croyance des anciens habitants du Niolo, ce serait l'ouvrage du diable. Celui-ci, en labourant avec ses bœufs sur le plateau du Campo-Tile, eut une dispute avec saint Martin, qui voulait le chasser de là. Le démon ne faisant plus attention à son travail, le soc heurta dans un rocher et se brisa; il tenta de le réparer, mais en vain. Alors, pris de colère, il lança en l'air son marteau qui, retombant sur la montagne, creusa cette ouverture et tomba dans la mer, du côté de Filosorma. Le démon, se tournant pour ôter le joug à ses bœufs, les trouva pétrifiés. Saint Martin avait disparu.

Deux grosses pierres tout à fait semblables, une troisième posée horizontalement sur les deux premières, et une quatrième étendue sur le sol ne seraient autre chose que les bœufs, le joug et la charrue du démon pétrifiés, et non loin de là, un amas de pierres confuses les unes sur les autres, représenteraient la forge (*stazzona*) du diable.

Il faut savoir que saint Martin, en Corse, est la divinité qui préside aux champs. Lorsqu'on passe à côté d'une aire pendant que l'on bat les céréales, on salue toujours avec le mot *San Martino!* Saint Martin est aussi le patron des vignerons dans toute l'île.

Les monts d'Oro et de Padro, dont nous donnons les dessins, seront le sujet de quelques mots dans notre itinéraire.

HYDROGRAPHIE

RIVIÈRES DE LA CORSE

La Corse ne possède pas de grandes rivières; ses rivières, ou plutôt ses torrents les plus considérables, sont au nombre de trois : le *Golo,* qui prend sa source sur le mont Tula dont il porte le nom en latin. Cette rivière, après s'être grossie des eaux de l'Asco, du Tartagine, de Casaluna et d'autres petits ruisseaux, va se jeter dans la mer Tyrrhénienne, à 20 kilomètres au sud de Bastia. Cette rivière arrosait autrefois l'ancienne ville de Mariana, dont les ruines existent encore non loin de son embouchure.

Le Tavignano, ancien Rothanus des Romains, prend sa source du lac Ino. Cette rivière reçoit les eaux de la Rostonica, près de Corte, et après s'être grossie des rivières du Vecchio, Corsigliese, Tagnone, etc., arrose les ruines de l'ancienne ville d'Aleria et va se jeter dans la Méditerranée.

Le Liamone, qui coule vers le sud-ouest de l'île, prend sa source sur le mont Retto dans la forêt du Colto, reçoit dans sa course les eaux du Lonca, du Grosso, etc., et va se jeter dans la mer près du golfe de Sagona.

Les autres petites rivières qui coulent vers l'orient de l'île sont Bevinco, qui prend sa source sur le mont Tenda et va verser ses eaux dans l'étang de Biguglia.

Fiumalto; cette rivière prend sa source sur le mont San Pietro et va se jeter dans la Méditerranée, près de San Pellegrino.

Fiumorbo, qui prend sa source sur le mont Verde, et enfin Sollenzara, qui sert de limite entre l'arrondissement de Corte et celui de Sartène.

Les autres rivières qui coulent dans diverses parties de l'île sont de peu d'importance; cependant il y en a qui forment de belles et fertiles vallées dont nous ferons mention dans notre itinéraire.

ÉTANGS SALÉS ET LACS D'EAU DOUCE

Diana, ancien port de la ville d'Aleria, dont la superficie est de 570 hectares.
Chiurlino, ancien port de Biguglia. Sa superficie est de 1,800 hectares.
Urbino, dans la plaine d'Aleria, dont la superficie est de 750 hectares.
Palo, dans la plaine de Fiumorbo. Sa superficie est de 29 hectares.
Balistro, dans le golfe de Santa Manza. Sa superficie est de 29 hectares.
Taravo, près de la rivière du même nom, a une superficie de 29 hectares.

ÉTANG DE DIANA, OU ANCIEN PORT D'ALERIA

Le port de l'ancienne ville d'Aleria fut le premier qui reçut dans ses eaux les navires romains, lorsqu'en 494 de la fondation de Rome, Lucius Cornelius Scipion vint assiéger cette ville phocéenne.

Le port d'Aleria était formé par un bras de mer qui vient encore aujourd'hui à une demi-lieue de ses ruines. On n'y voit pas de marais; aucune plante marécageuse ne pousse autour de ses eaux, qui sont, au contraire, comme encadrées dans des collines d'une assez grande élévation, où des arbrisseaux de différente nature, d'arbousiers, de myrtes, de cistes et de bruyères se détachent du tapis d'une verdure perpétuelle.

On remarque, près de l'embouchure de ce port, une île charmante et pittoresque qui s'élève de plusieurs mètres au-dessus du niveau de l'eau. Les pêcheurs ont dédié une chapelle à la sainte Vierge dans l'endroit le plus élevé de cette sorte de refuge. On voit, en différents points de cette île, les restes d'une muraille qui servait de quai. Plus loin encore, dans l'endroit dit Sant'Agata, on aperçoit les restes d'une muraille, où des morceaux de fer sont scellés; des espèces de jarres se voient aussi encastrées dans ces murs.

Les eaux de Diana occupent l'espace de 570 hectares, et leur profondeur est de 10 à 11 mètres. Avec la moindre dépense, on pourrait faire de l'étang de Diana un port des plus beaux, des plus vastes et des plus sûrs de la Méditerranée.

Non-seulement le port de Diana pourrait abriter une grande flotte hors de tout danger en cas de guerre, mais encore il deviendrait en peu de temps un grand centre commercial.

Le village d'Aleria se transformerait bientôt en une ville florissante; toutes les denrées de cette magnifique plaine seraient transportées dans ce port; tous les produits de la grande propriété de Casabianda, qui n'est qu'à environ deux kilomètres éloignée de ce port, et dont le gouvernement a fait l'acquisition, pourraient être embarqués à peu de frais, ou pour le continent, ou transportés dans les villes de l'île. La route carrossable de Corte à Aleria enrichirait le commerce de ses belles carrières de marbre de la Rostonica, de San-Gavino et du Serraggio; enfin les grandes forêts qui couronnent les monts de Corte, du Serraggio et du Niolo viendraient encore ajouter leurs richesses au port d'Aleria.

L'étang de Diana produit d'excellentes huîtres.

ÉTANG DE CHIURLINO, OU ANCIEN PORT DE BIGUGLIA

L'étang de Chiurlino, qui servait jadis de port à la petite mais florissante ville de Biguglia, qui fut pendant longtemps la capitale de toute l'île, communique avec la mer à très-peu de distance de la ville de Bastia, et s'étend tout le long de la plaine de la Mariana, occupant une superficie de 1,800 hectares : la profondeur de ses eaux n'est que d'un mètre et demi à trois mètres.

Il est certain que ce lac salé n'a pas toujours eu une aussi vaste étendue ; car, lorsque ses eaux sont claires, on voit une route pavée de grosses pierres qui le traverse dans sa largeur vers l'embouchure du Bevinco, près de Biguglia.

Cet étang était une propriété communale des *Pieve*, d'*Orto* et *Mariana;* mais les familles puissantes s'en disputèrent la possession, et, vers la fin du treizième siècle, la lutte acharnée qui s'établit entre les seigneurs de Bagnaja et ceux de Casta (1) aboutit à une sanglante catastrophe sur les ruines de la Mariana.

La république de Gênes ayant pris possession de la Corse, s'empara de l'étang et défendit aux habitants de la Mariana de se livrer à la pêche, comme ils y étaient habitués depuis un temps immémorial. Un concert de plaintes ardentes et unanimes s'éleva contre cet acte de tyrannie. Le gouvernement de Gênes envoya alors un commissaire pour constater si les pêcheurs corses, avec leurs pirogues et leurs fourchettes *(gobali et foscine)*, pouvaient causer un préjudice considérable à la république.

L'envoyé génois voulut essayer d'entrer dans l'étang sur une pirogue ; la pirogue chavira et il tomba dans l'eau la tête la première, et, en demandant du secours, il s'écriait : *Che peschin pure !* (Libres de pêcher !)

On dit qu'un contrat fut alors passé entre les habitants de la Mariana et la république de Gênes. Cette dernière leur accordait la liberté de pêcher toute l'année, pourvu qu'ils n'employassent pas d'autres instruments que les *gobali* et les *foscine*.

La France ayant après conquis la Corse, le roi Louis XV donna l'étang à titre de fief au comte de Buttafoco (Mathieu), colonel commandant du régi-

(1) Ceccaldi, *Histoire de la Corse*.

HYDROGRAPHIE

ÉTANG DE DIANA où ancien port D'ALERIA

OROGRAPHIE

Mt D'ORO 2,652m

Mt ROTONDO 2,764m

Mt PADRO 2,450m

Mt ARTICA — Mt TAFANATO — Mt PAGLIA-ORBA

HYDROLOGIE

EAU D'OREZZA

A. DURUY

AGRICULTURE
INSTRUMENTS D'AGRICULTURE

A. DURUY

A. DURUY

A. DURUY

A. DURUY

A. DURUY

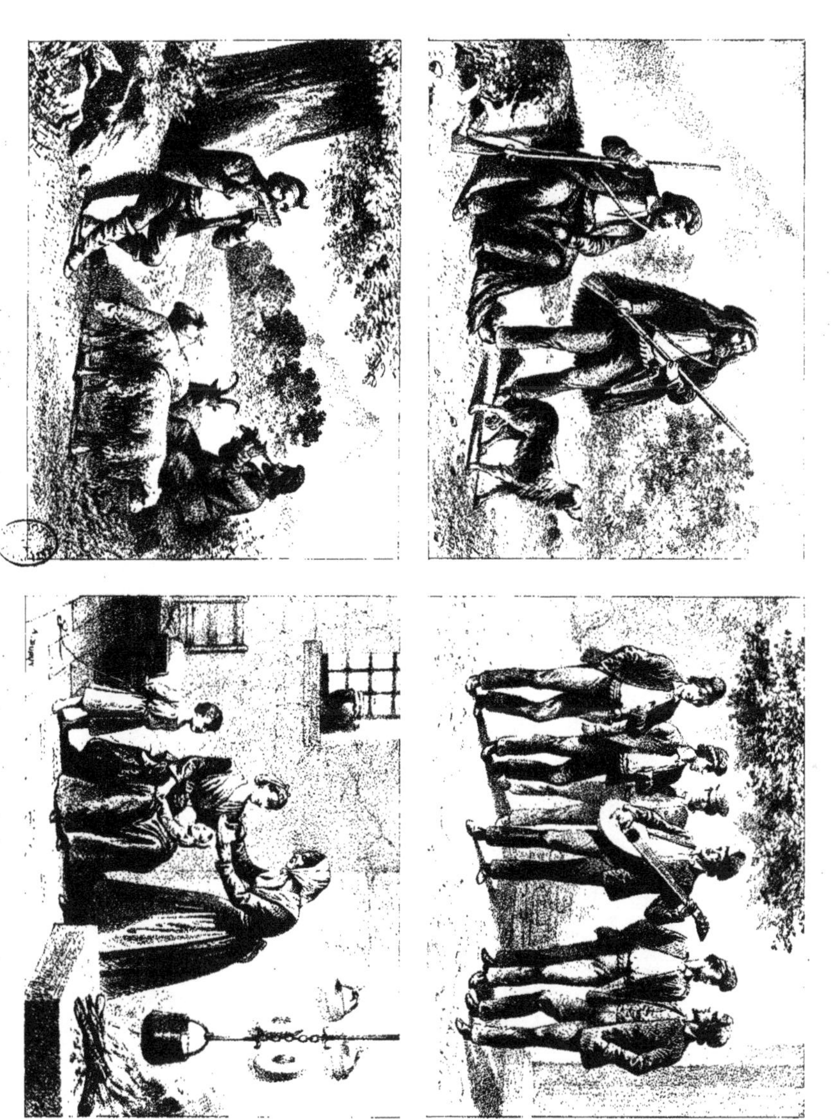

Imp. Lemercier r. de Seine 57 Paris

USINE DE TOGA

VUE EXTERIEURE DE LA GROTTE DE BRANDO

VENT DE MORATO

BERGERS

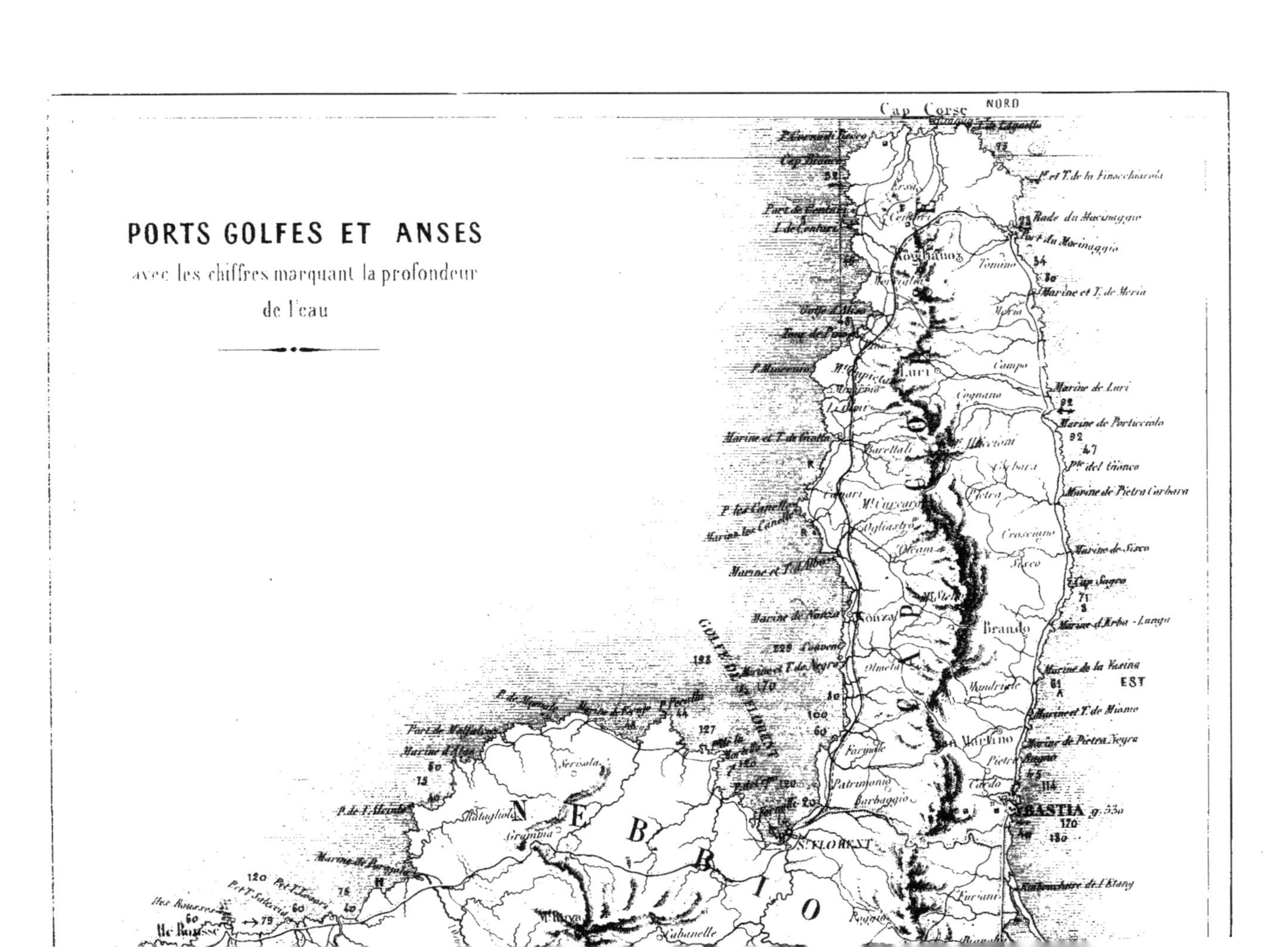
PORTS GOLFES ET ANSES
avec les chiffres marquant la profondeur
de l'eau
Cap Corse
NORD
EST
Rade du Macinaggio
Marine et T. de Meria
Marine de Luri
Marine de Porticciolo
Marine de Pietra Corbara
Marine de Sisco
Cap Sagro
Marine d'Erba - Lunga
Marine de la Vasina
Marine et T. de Miomo
Marine de Pietra Negra
BASTIA
Rogliano
Luri
Cagnano
Brando
Barbaggio
Patrimonio
Marine et T. de Giotta
Marine de Nonza
Nonza
GOLFE DE S.T FLORENT
S.T FLORENT
P.de Mortella
Port de Malfalco
Marine d'Alga
Marine de Parajola
Iles Rousses
Ile Rousse
N E B B I O
C A P C O R S E

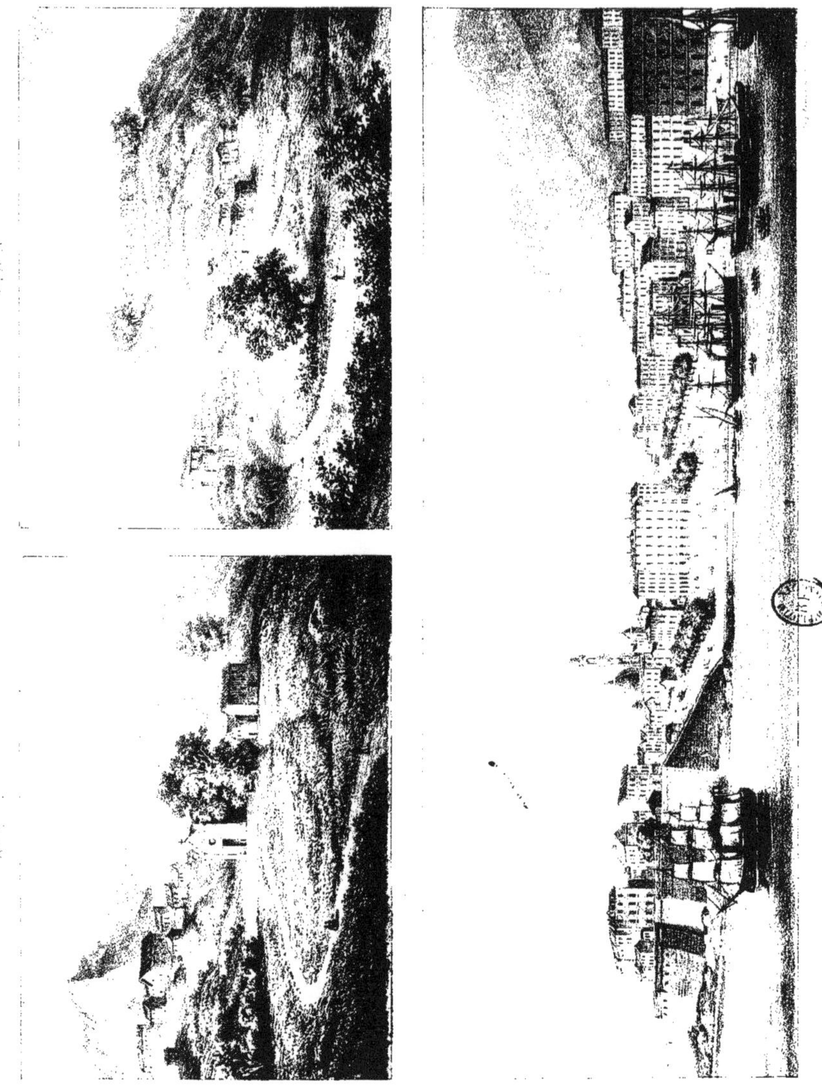

BONIFACIO

CERVIONE

ARRIVÉE DE L'EMPEREUR NAPOLÉON III
& DE L'IMPÉRATRICE EUGÉNIE À AJACCIO
[illegible]

FEMMES D'ALATA

OLMETO

SARTENE

CASAMACCIOLI

ALANDO

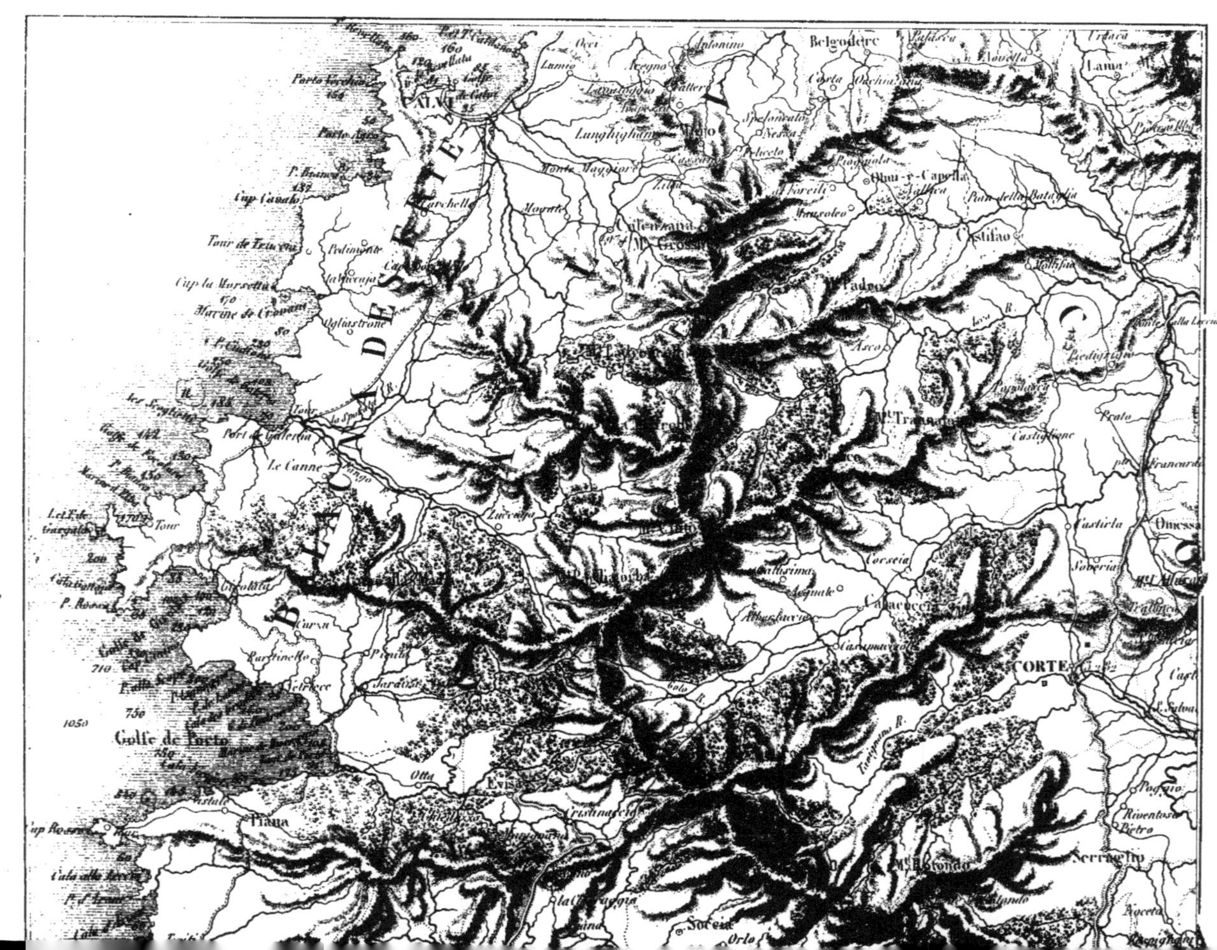
Belgodere
CALVI
Lumio
Pedimonte
Oglastrone
Tour de Tru...
Le Canne
Castifao
Asco
Castiglione
Prato
Castirla
Omessa
Corscia
Calacucci
Albertacce
Soveria
CORTE
Golfe de Porto
1050
Piana
Otta
Evisa
Cristinacce
Serraggio
Poggio
Riventosa
Pietra
Noceta
Curzu
Partinello
Osani
Piana
Soccia
Orto

EST .

Golfe de Sagone
AJACCIO
GOLFE D'AJACCIO
Salice
Sari
Appietto
Calcatoggio
La Scala
Valtanlo
Lenaro
Alata
Carbuccia
Peri
Cuttoli
Sarrola
Cavro
Cinque Concha
Fontanaccia
San Paolo
Ciamannacce
Marie
Moca
Pila
Bichisa
Petreto
Taravo Fl.
Casalabriva
Sollacaro
Carboni
Serra
Pettinelli
Poggiolo
Calle
Cap Muro
Cala d'Orzo
Coggia
Lopigna
Arbori
Bastelica
Cap et T. de Feno
P. Parragiola
Port Provençale
Olmeto

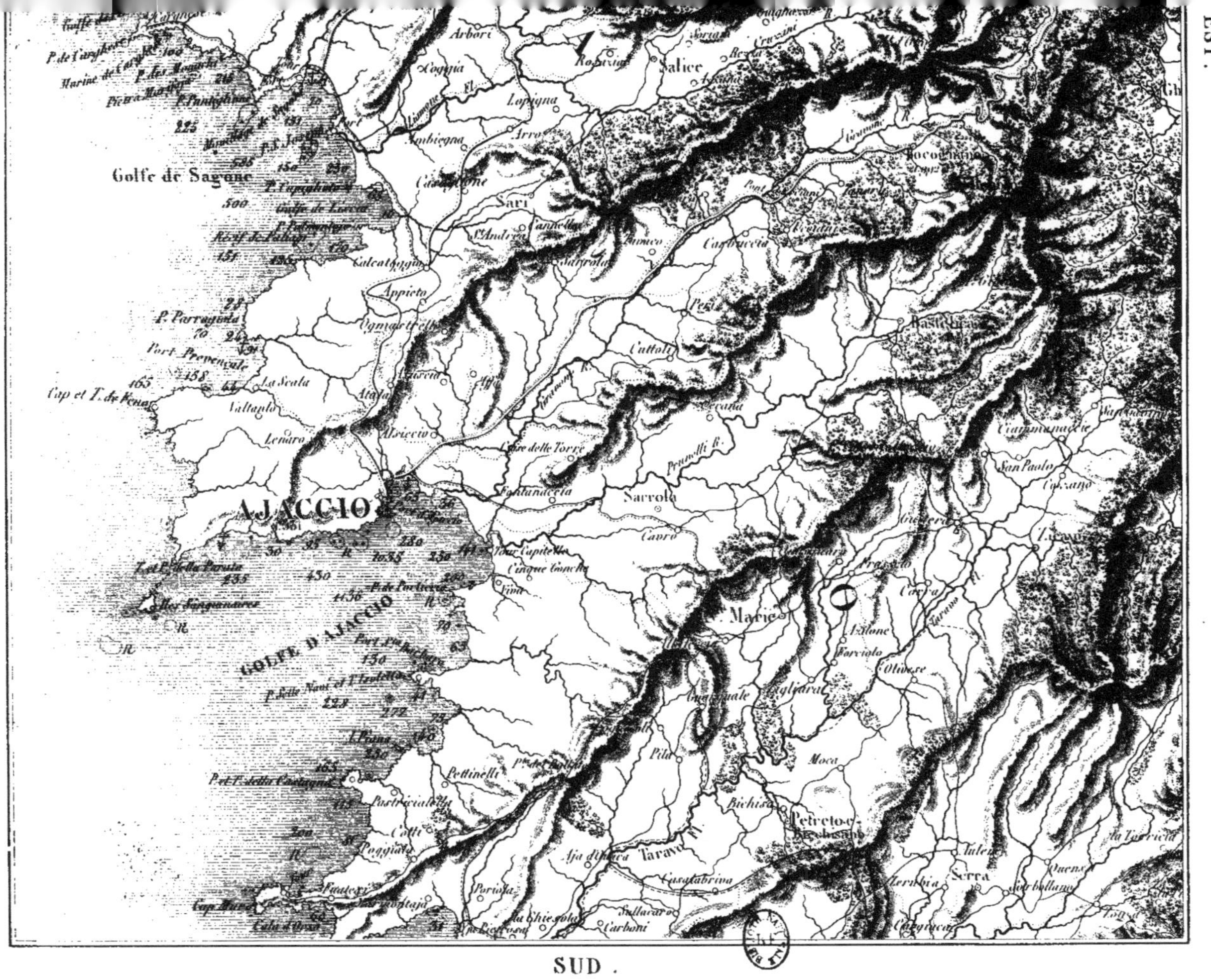

SUD .

EST .

Olmeto
Golfe de Valinco
Propriano
Tour
Belvedere
Campo Moro
Bilia
Giuncheto
Fozzano
Arbellara

PORTO VECCHIO
Golfe de Porto Vecchio
BONIFACIO
Golfe de St Manza
SUD
BOUCHES DE BONIFACIO

1 Mouflons 2 [illegible] 3 [illegible] 4 Daim 5 Renard 6 Hérisson 7 Lièvre 8 Chien 9 Belette 10 Chauve-souris 11 Rat
12 [illegible] 13 [illegible] 14 Tortue 15 [illegible] 16 Salamandre 17 Lézard 18 Serpent

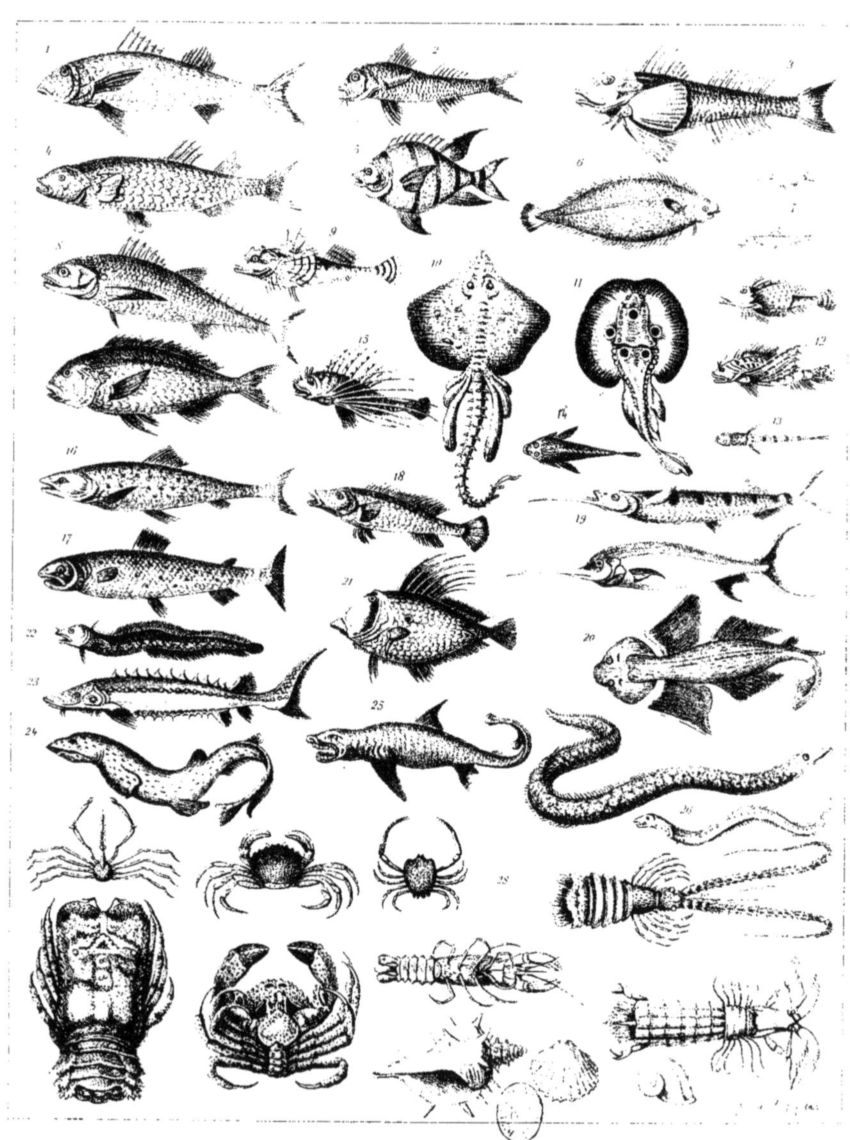

1 Surmulet 2 Rouget 3 Trigle 4 Oblade 5 Bandoulière 6 Sole 7 Anchois et Sardine 8 Thon 9 Scorpène 10 Raie 11 Torpille
12 Scorpène volante 13 Baudroie 14 Chabot 15 Rascasse 16 Saumon 17 Truite 18 Paon 19 Bar et grand Espadon 20 Angelot
21 Dorée 22 Mostelle 23 Esturgeon 24 Roussette 25 Lamie 26 Murène et Congre 28 Crustacés

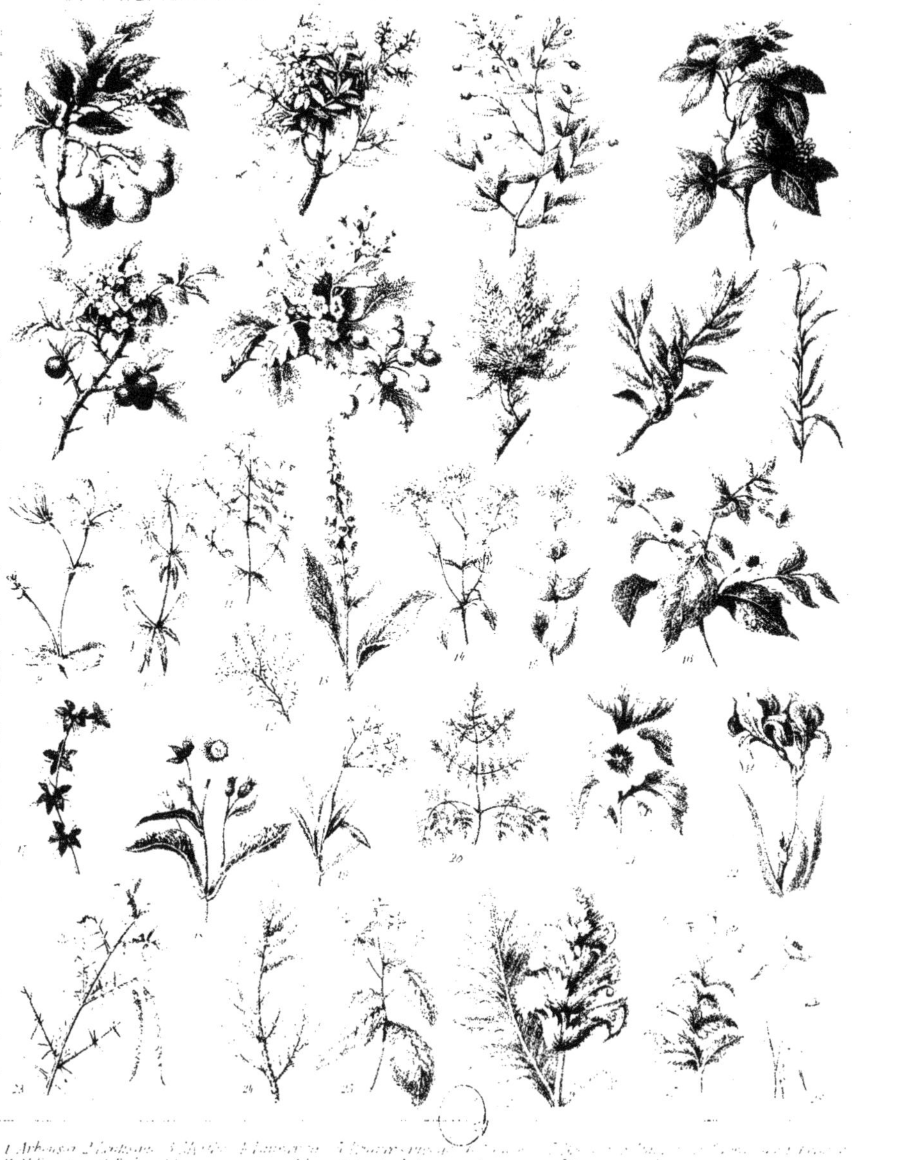

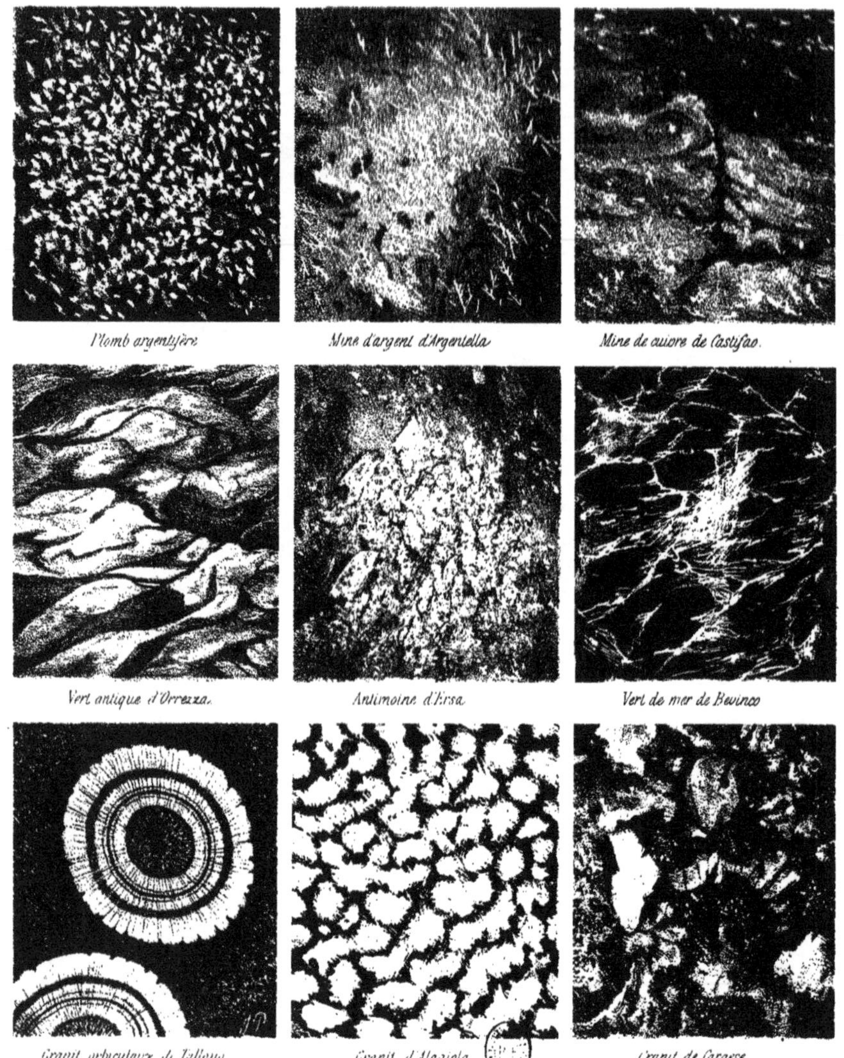

Plomb argentifère — Mine d'argent d'Argentella — Mine de cuivre de Castifao.

Vert antique d'Orrezza. — Antimoine d'Ersa — Vert de mer de Bevinco

Granit orbiculaire de Tallano — Granit d'Algajola. — Granit de Cargese

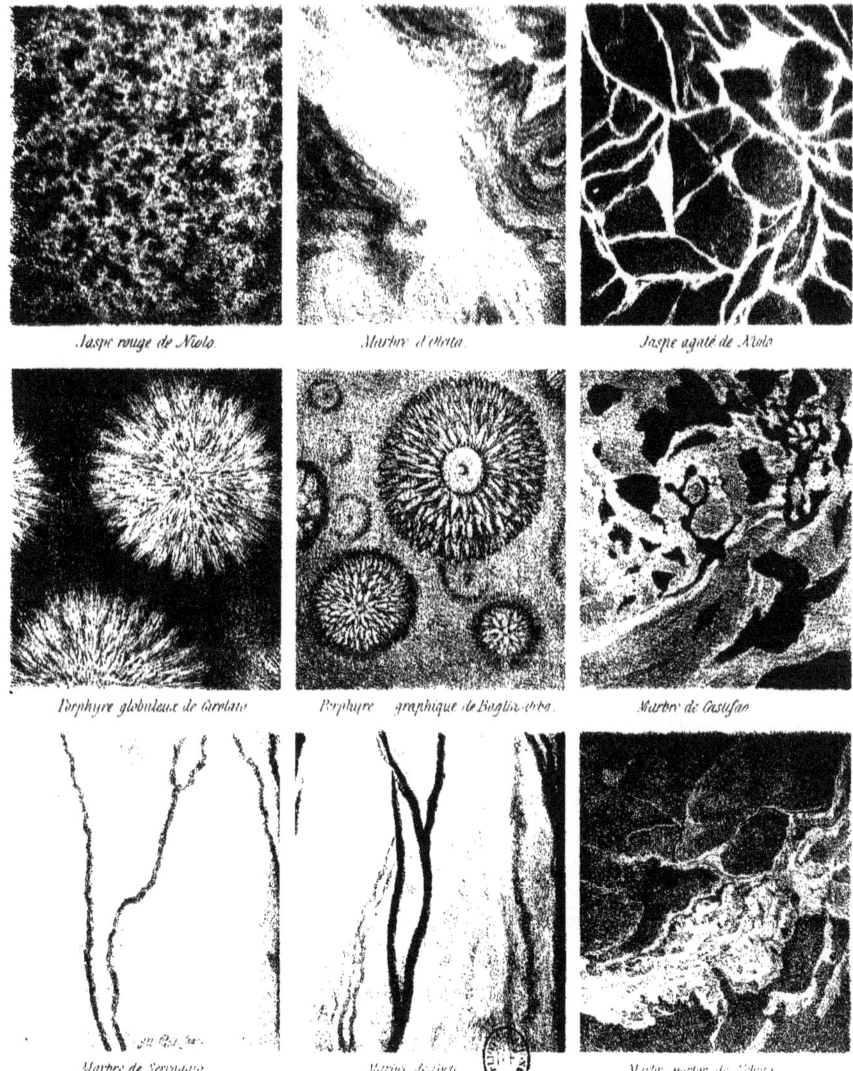

Jaspe rouge de Niolo. — Marbre d'Oletta. — Jaspe agaté de Niolo.

Porphyre globuleux de Girolata. — Porphyre graphique de Baglia-orba. — Marbre de Castifao.

Marbre de Sermano. — Marbre de Corte. — Marbre portor de [illegible]

Dolmen ou forge du diable.
Pierre d'Apriciani
Corinthien.

PORT DE DIANA ET VILLE D'ALERIA

PREMIÈRE APPARITION DES ROMAINS EN CORSE

[illegible] SIGNE LA PAIX AVEC LES CORSES

CLAUDE GLYCAS EST MIS EN LIBERTÉ PAR LE COMTE DE CORSE

CONSOLATION

RUINES DU CENESTUM, PRÈS CORTÉ

EMPLACEMENT DE LA VILLE D'ACCIA.

Imp. Lemercier, r. de Seine 57, Paris

CRANDE ÉMIGRATION DES CORSES AU 9me SIÈCLE

LES SARRASINS INCENDIENT LA CORSE, MASSACRENT OU ENMÈNENT LES HABITANTS EN ESCLAVAGE

RÉUNION POPULAIRE DES CORSES AU MOYEN ÂGE.

COUVENT DE SANTA LUCA A TALLANO.

S. CHRYSOGONE (ÉGLISE DES CORSES A ROME.)

Sampiero excite les Corses à l'insurrection

Maison de Sampiero à Bastelica.

Maison de Vannina à Ornano. (Ste Marie.)

Imp. Lemercier Paris

Sampiero reproche à sa femme sa [illegible]

[illegible]

Le jeune [illegible] est condamné à être pendu.

[illegible] (FILS) MARÉCHAL DE FRANCE

ALPHONSE ORNANO (PÈRE) MARÉCHAL [illegible]

SANTO PIETRO DE MONT TENDA, (Mt Renommé)

COUVENT D'ORREZA.

COUVENT DE BOZIO

LÉONARD DE CASANOVA
Général [illegible]

DOMINIQUE FRANCESCHI
[illegible]

ANDRÉ GASPARI
Ambassadeur d'Espagne en [illegible] etc

ANTOINE ARRIGHI
Directeur de l'Université de Padoue

[illegible]

PÈRE THÉOPHILE
[illegible]

[illegible]

[illegible]

PRISE DE CAPRARA PAR [illegible] 1767

La grotte de Casone, où Napoléon enfant allait méditer ses leçons

Vas, mon fils tu seras un homme de Plutarque [illegible]

LES FRÈRES BONAPARTE

CUNEO D'ORNANO
Poète

Mgr COLONNA D'ISTRIA

Mgr CASANELLI D'ISTRIA

FILIPPINI
Historien

F. O. RENUCCI
Historien

J. C. GREGORI
Historien

G. SISCO
[illegible]

P. PRELA
Médecin des papes Pie VI et Pie VII

S. VIALE
Poète

X. CASABIANCA
M^{tre} S. etc

[illegible] ABBATUCCI
M^{tre} S.

[illegible] ARRIGHI [illegible] DE PADOUE
M^{tre} S.

[illegible] PIETRI, S.

V. BENEDETTI Ambass

[illegible] CONTI

[illegible]

[illegible] SEBASTIANI [illegible]

[illegible] CASABIANCA

www.ingramcontent.com/pod-product-compliance
Ingram Content Group UK Ltd.
Pitfield, Milton Keynes, MK11 3LW, UK
UKHW021152260726
13994UKWH00001B/412

9 782329 429663